DISCOURS

SUR LE RETOUR DE NAPOLÉON-LE-GRAND,

EMPEREUR DES FRANÇAIS,

Prononcé le jour de Pâques, 26 mars 1815.

PAR M. LEBLANC, CURÉ DE COSNE, (*Nièvre*).

Après l'Instruction sur la fête du jour, **M.** *le Curé a dit* :

MAIS il est pour nous tous, mes Frères, un nouveau sujet de joie; je veux parler de notre Résurrection politique, de cette Restauration bien plus réelle, bien plus digne de notre admiration et de notre reconnaissance, que celle qui était vantée si hautement dans ces derniers temps. Donnez donc un libre cours à votre joie. Le Héros, le Sage Législateur, le Bienfaiteur de la France, le GRAND NAPOLÉON que l'envie, l'ingratitude et la trahison avaient exilé loin de nous, est de retour pour consommer notre bonheur. Il a entendu nos gémissemens (1) ; SON CŒUR S'EST RÉPANDU EN TERRE LORS QU'IL A APPRIS NOTRE RUINE, et aussitôt il a résolu de revenir. Ne tournez plus vos regards attristés vers les mers ; ne le redemandez plus à l'Ile d'Elbe ; il est au milieu de nous.

Le Tout-Puissant, après l'avoir éprouvé par l'adversité, qui est tout ensemble l'expérience des souverains et la leçon la plus utile

---

(1) Tous les passages de ce discours, indiqués par des chiffres, depuis le premier jusqu'au dernier, sont extraits de l'Écriture Sainte.

I

pour eux, l'a trouvé plus digne de lui, supérieur à la mauvaise
fortune, plus grand encore dans son exil qu'au milieu de ses plus
brillantes prospérités, toujours occupé des intérêts de notre patrie
qui n'a cessé de lui être chère. (2) « Le Seigneur s'est souvenu de ses
» anciennes miséricordes, et des merveilles qu'il avait opérées en
» notre faveur, par la force et par la sagesse de Napoléon. Il a re-
» nouvelé avec lui son alliance, pour la garder éternellement, et
» l'a rendu à nos vœux. IL A EFFACÉ L'OPPROBRE QUI NOUS COUVRAIT
» AUX YEUX DES NATIONS ; IL A PURIFIÉ NOTRE TERRE DES SOUILLURES
» QUI LA DESHONORAIENT. »

Tel est ce jour mémorable que la France doit célébrer à jamais,
comme le plus heureux de ses jours ; le jour que le Très-Haut a
fait, plus glorieux pour Napoléon et pour son peuple, que tous les
autres jours de notre antique gloire ; c'est en ce jour que Napoléon
paraît plus grand et plus puissant qu'auparavant, et qu'il vient
rendre à la France tout son éclat qui s'était obscurci, et la replacer
à son rang parmi les nations ; c'est en ce jour (3) QUE NAPOLÉON
BRISE LES PORTES DE SON EXIL, EMPORTE AVEC LUI SES DÉPOUILLES,
ENTRAÎNANT A SA SUITE UNE MULTITUDE INNOMBRABLE DE CAPTIFS
QU'IL DÉLIVRE, je veux dire tous ces Braves qui l'ont accompagné
dans son exil, toutes ces vaillantes légions qui regrettaient de n'avoir
pu le suivre, tous ces peuples consternés qui soupiraient ardem-
ment après son retour ; c'est vraiment en ce jour, que Napoléon
(4) EST DEVENU PAR LE BIENFAIT DE DIEU, UN PRODIGE POUR TOUT
L'UNIVERS.

« (5). O calomnie, ô ingratitude, ô perfidie, où est votre victoire ? »
Napoléon, fort de la protection de son Dieu en qui il n'a jamais
espéré en vain, fort de l'amour et de la reconnaissance des Français,
vous confond en ce jour. Potentats de l'Europe, à quoi se sont
terminés tous vos efforts ? à faire connaître à toute la terre l'amour
des Français pour Napoléon, à manifester encore davantage la
gloire et la puissance de celui contre qui vous avez osé attenter,
et qui vous a tous vaincus en ce jour ; et ce triomphe est peut-
être le plus glorieux de ses triomphes, triomphe qui n'a pas coûté
une larme à un seul de ses sujets, qu'il appelait par-tout ses
enfans, et qui revoyaient en lui un père ne respirant que leur

bonheur ; triomphe de l'amour des Français pour Napoléon , et de l'amour de Napoléon pour les Français. Sous quels heureux auspices va s'opérer notre régénération !

Citoyens, unissons nos voix pour répéter à l'envi cette affectueuse et touchante acclamation , si chère aux cœurs vraiment Français : « (6) Vive à jamais, vive Napoléon notre Empereur ! » Vive le père de la nation, le restaurateur de la liberté ! réjouissons- » nous ; car Napoléon est rentré en possession de son Empire , et » rendons gloire à Dieu, qui nous a regardés et consolés dans » notre affliction et qui a exaucé nos vœux. »

Et ne croyez pas qu'il soit indifférent à nos acclamations. A la vérité, les princes, dans la prospérité, ne les regardent ordinairement que comme les hommages du devoir, du respect ou de l'adulation ; mais quand elles frappent leurs oreilles dans l'adversité, elles vont jusqu'à leur cœur, elles leur font éprouver les plus douces émotions, et elles leur sont un sûr garant de l'affection des peuples. C'est ainsi qu'en a jugé Napoléon, lorsqu'aimant mieux s'exiler que d'allumer la guerre civile, il entendit d'une extrémité de la France à l'autre, et particulièrement dans cette cité , ces acclamations : VIVE L'EMPEREUR ; NOUS LUI JURONS À JAMAIS FIDÉLITÉ DANS NOS CŒURS : PUISSE LE CIEL EXAUCER NOS VŒUX , ET LE RENDRE A NOTRE AMOUR ! Ces accens qui exprimaient nos regrets et notre douleur, lui prouvèrent que le peuple n'avait aucune part à la conspiration des traîtres, et que le peuple était trahi avec lui.

Réunissons-nous autour du trône de Napoléon. Il est seul notre souverain légitime. C'est le Très-Haut qui nous l'avait déjà donné , comme autrefois il donna des rois à son peuple choisi ; c'est nous qui , par l'inspiration divine, l'avons élevé sur le pavois ; c'est encore le Très-Haut qui nous l'a ramené cette fois ; et l'a sauvé de mille dangers. C'est nous qui l'appellions par tous nos vœux, et c'est nous qui le proclamons de nouveau notre Empereur. (7) NON, NOUS NE VOULONS PAS D'AUTRE SOUVERAIN QUE NAPOLÉON , nous ne voulons pas d'autre dynastie que la sienne.

Eh ! qui oserait disputer à une nation le droit de choisir son monarque ? Lisez l'histoire profane ; vous y verrez que ce sont les peuples qui se sont donné pour chefs, rois ou empereurs ; les hommes qui avaient mérité leur confiance par leur sagesse, par leur bravoure, ou par des bienfaits et des services. Sans doute on fit des règlemens, on établit des conventions ; mais les peuples y concoururent. Que la force, la violence, l'abus du pouvoir aient fait par la suite des despotes ; le droit des peuples n'en est pas moins constant, puisqu'on a souvent vu les nations en reprendre l'exercice, modérer l'autorité de leurs chefs, ou changer la forme du gouvernement.

Lisez l'histoire sainte elle-même, que quelques-uns prétendent si favorable à l'autorité absolue des rois, en disant qu'ils ne tiennent leur pouvoir, leur couronne que de Dieu. Vous verrez dans cette histoire, que les anciens du peuple exigèrent de Samuel qu'il leur donnât un roi comme les autres nations avaient le leur ; vous y verrez que le peuple eut part à l'élection de Saül et de David. Il en fut de même, par la suite, de Jéhu, roi d'Israël, qui fut indiqué par Elisée.

La bible nous dit bien que Dieu indiqua successivement à Samuel, Saül et David pour les sacrer rois de Juda. Mais faites-y bien attention ; Samuël et Elisée étaient les instrumens dont Dieu se servait pour disposer le peuple à choisir son roi. Les prophètes n'ordonnaient point publiquement de la part de Dieu de reconnaître Saül et David. C'était comme un secret confié à eux seuls, et l'action et la volonté du peuple restaient tout entières. Car, dit l'historien sacré : tous les enfans d'Israël s'assemblèrent pour l'élection. On jeta le sort sur les tribus, ensuite sur la famille de Metri, de la tribu de Benjamin à qui le sort avait été favorable ; enfin le sort tomba sur Saül fils de Cis, qui était de cette famille, et Saül fut proclamé roi.

Quant à David successeur de Saül, la bible dit qu'après la mort d'Isboseth qui avait été reconnu par un parti, IL TRAITA AVEC LES TRIBUS ET LES ANCIENS, ET QU'ILS LE SACRÈRENT ROI D'ISRAEL, selon la parole que Dieu avait dite par la bouche du prophète Samuel.

Pour Jéhu, il fut reconnu spontanément et unanimement roi d'Israël par les grands et par le peuple, sur la parole d'un des enfans des prophètes, envoyé par Elisée.

Dans l'élection de Saül et de David , Samuel ne paraît aux yeux des tribus que comme leur président ou leur chef ou leur conseiller ; autrement il était inutile de jeter le sort , il suffisait d'intimer l'ordre de Dieu , et c'est ainsi que dans tous les temps , se sont tenues et gouvernées les assemblées politiques et civiles. Ne choisissent-elles pas toujours pour chef ou régulateur , celui qui leur paraît mériter la confiance ? Ne voit-on pas souvent ce chef ou quelqu'autre membre de l'assemblée , entraîner ses collégues dans son parti , et leur faire adopter son avis , par l'ascendant de son caractère , de sa sagesse , ou par tout autre moyen ?

Et encore aujourd'hui , dans certaines circonstances , ne voit-on pas recourir à la voie du sort , et ne dit-on pas que la volonté de Dieu se manifeste par le sort ?

Dans l'élection de Jéhu on voit bien l'action de la Providence ; mais on n'y voit point qu'Elisée ait fait connaître formellement et publiquement aux Israélites , la volonté du Seigneur.

Oui , Dieu fait les rois , en ce sens que la Providence qui est le fondement de toute morale gouverne le monde , que rien n'arrive sans son ordre ou sa permission ; en ce sens qu'il est l'auteur , le modérateur de la société et de l'ordre qui , conformément à sa sagesse , doit y régner. C'est dans ce sens que selon l'écriture, les rois règnent par le Tout-Puissant, qu'ils rendent la justice , qu'ils sont ses images , ses lieutenans , ses ministres. Mais gardons-nous d'abuser de cette maxime : C'EST DIEU QUI FAIT LES ROIS; prise dans un sens absolu, elle ne pourrait être que celle de quelques fanatiques ou superstitieux qui voudraient faire regarder les rois comme des idoles , leur donner de la part de Dieu une autorité despotique sur les peuples , et ne faire de ceux-ci que des esclaves.

Si nous ouvrons notre histoire , nous y verrons que Hugues-Capet chef de la dynastie dont les Bourbons tirent leur origine , usurpa véritablement le trône. Ensuite il fut reconnu par les grands de l'état ; la nation par son consentement formel, ou par sa soumission libre et volontaire , approuva tout ce qui avait été fait , et dès-lors l'autorité de Hugues-Capet fut légitime ; mais Napoléon n'a pas usurpé le trône de France ; il était vacant, abandonné ; la nation usant de son droit imprescriptible avait changé la forme de son gouvernement ; après plusieurs essais, elle a rétabli la monarchie , et elle a fait asseoir sur le trône , Napoléon , qui s'en était rendu digne par les plus importans services.

Napoléon n'a donc pas cessé d'être notre légitime souverain. Tout ce qui s'est fait contre lui sans le concours du peuple et de l'armée , est illégal et nul. Son abdication qu'il n'a donnée que pour éviter la guerre civile , et qui par conséquent a été forcée , ne peut nuire à ses droits ; ses droits n'en sont même que plus sacrés pour nous , et sa personne n'en est que plus chère à nos cœurs.

Et ne savons-nous pas comment , au mépris de la constitution , au mépris de toute justice , au mépris le plus insultant pour la nation , la déchéance de l'Empereur fut prononcée , et la constitution elle - même renversée ? Ne savons - nous pas quelles furent les basses et sourdes intrigues de ces hommes indignes du nom de citoyen Français , vendus à l'étranger ? Ne savons-nous pas comment ils trahirent leur patrie , leur prince qui les avait comblés de biens , d'honneur et de dignité ? Ne savons-nous pas comment , dans beaucoup de départemens , les premiers fonctionnaires publics qui lui devaient leurs emplois , des titres et des distinctions honorables , tournèrent contre lui le pouvoir qu'il leur avait confié , comprimèrent l'élan des gardes nationales , qui brûlaient d'aller défendre la patrie et leur Empereur , et appelèrent ainsi les armées étrangères pour dévaster , saccager notre belle France ? O honte ! ô opprobre ! on a vu plusieurs de ces fonctionnaires se faire donner des louanges , pour avoir entravé , paralysé les mesures ordonnées par le prince pour le salut de la patrie , s'en faire un titre de gloire auprès du dernier gouvernement qu'ils regardaient comme légitime.

Mais quel était donc le titre de ce gouvernement pour remplacer celui de Napoléon ? Un prince imposé par des armées étrangères , par la trahison ; un prince qui était repoussé par l'opinion publique en qualité de monarque de la nation , pouvait-il se dire notre souverain légitime ?

Quelle constitution nous a-t-il donnée ! une constitution fallacieuse , équivoque , à double sens , qui le mettait à même , par les réserves qu'il s'était ménagées , de ne suivre que ses caprices et sa volonté. Aussi déclare-t-il qu'il nous l'ACCORDE , qu'il nous l'Octroie ; ainsi il compte la nation pour rien , puisqu'il ne croit pas même devoir lui demander son acceptation. Est-il une mesure qui annonce plus ouvertement le despotisme du prince , l'avilissement et l'humiliation de ce peuple que Napoléon avait fait si grand ?

Quels étaient les hommes qui avaient la confiance du chef des Bourbons ? tous ceux qui ont été , par leur lâcheté , la cause des malheurs de notre révolution , qui , émigrés, ne se sont occupés chez l'étranger qu'à nous susciter des ennemis , et à déchirer par leurs partisans en France , le sein de notre patrie. Ils revenaient pour nous imposer un joug honteux. Cette Charte qu'ils vantaient tant , était déchirée tous les jours par eux-mêmes.

Ce gouvernement qui devait garantir les propriétés , oublier les erreurs, conserver les emplois , inquiétait sans cesse les propriétaires, encourageait les délateurs , destituait les fonctionnaires les plus fidèles. Les impositions qui écrasaient la France , étaient au milieu de la paix , aussi fortes que pendant la guerre. Le commerce était sans vie , et l'ouvrier sans travail et sans pain. En moins de onze mois , le peuple avait perdu tous ses droits acquis par vingt-cinq années de combats et de victoires. L'armée était calomniée dans sa gloire. On la désorganisa , et l'on chercha à la peupler de ceux qui furent vingt ans ses ennemis. Nous étions menacés du retour des dîmes , des priviléges , des droits féodaux et de tous les abus dont nos succès nous avaient délivrés. Nous gémissions sous la plus dure oppression. Des proclamations dignes des jours malheureux de 93 , nous enviaient la consolation de parler de Napoléon et de ses bienfaits ; nous étions presque des rebelles.

Telle était la prétendue restauration de ce gouvernement qui se disait paternel , et qui n'eut de force que pour faire rétrograder la nation , d'énergie que pour la flétrir , de persévérance que pour l'humilier. Encore si cette humiliation n'avait été que le partage des traîtres ; ils l'avaient bien méritée , les indignes transfuges !

O vous qui avez trahi l'Empereur dont vous aviez toute la confiance , vous qui associés à sa gloire , à ses pensées , presqu'assis avec lui sur le trône , étiez le canal de ses grâces et de ses faveurs , quel rang occupiez-vous à la cour du nouveau prince !! De combien de degrés étiez-vous au-dessous du trône ! ! mesurez quel intervalle vous en séparait, et voyez quels hommes occupaient cet intervalle. Rougissez maintenant, et que votre seul supplice soit de voir l'alégresse et le bonheur des Français sous Napoléon.

Jetons encore un coup d'œil sur la désolation de la France. (8) « Cette maîtresse des nations, autrefois si puissante, si glorieuse, » était comme veuve et abandonnée depuis l'exil de Napoléon. » Toute sa force était anéantie. Celle qui commandait à tant de » pays, avait changé sa gloire en une idole. Nos ennemis disaient » avec insulte et avec un mépris plein d'orgueil : est-ce là cette belle » France qui était la gloire de toute la terre ?

» La bouche de l'imposteur et du méchant s'est ouverte pour » noircir Napoléon par les plus odieuses calomnies. De vils folliculaires soudoyés, ont fait circuler les écrits les plus outrageans » contre lui ; ils ont débité les mensonges les plus grossiers ; ils » lui ont reproché des actions auxquelles il n'a jamais pensé ; ils ont » calomnié, dénaturé tout ce qu'il a fait de plus grand.

» Plusieurs de ceux mêmes qui vivaient avec lui dans l'intimité, » se sont déclarés ses ennemis ; et cependant il n'avait cherché qu'à » faire leur bonheur : ils lui ont rendu le mal pour le bien, et le » mal pour l'amour qu'il leur portait.

» Les oppresseurs de la France craignant le retour de Napoléon, » ont concerté les moyens de le perdre ; ils ont conspiré contre » sa vie ; ils ont voulu répandre le sang innocent ; ils l'ont mis » hors de la loi. Ils disaient : il n'a ni protection, ni salut à at— » tendre de Dieu ni des hommes. Ils cherchaient à se saisir de » lui. Cependant ils appréhendaient le peuple qui le regardait et l'at— » tendait comme son libérateur. Il y en eut même parmi les prin— » cipaux qui lui étaient restés fidèles en secret ; mais ils n'osaient » se déclarer ouvertement pour lui, de peur d'être chassés du » sénat ; de perdre leurs emplois et de compromettre les intérêts » de Napoléon. »

Ainsi les tyrans qui voulaient la tête de ce grand homme, ont en vain essayé d'armer le peuple et les troupes contre lui, et même d'allumer la guerre civile. Aucun moyen ne leur a réussi : « (9) » Le Seigneur s'est déclaré le protecteur, la force et le bouclier

» de Napoléon. Il l'a fait marcher avec assurance au milieu de
» ces armées envoyées contre lui ; » et ces armées voyaient à
peine ses aigles, qu'elles couraient se ranger sous ses drapeaux,
aux cris répétés mille fois : VIVE L'EMPEREUR ! tant elles étaient
transportées de joie de revoir celui qui les avait si souvent conduites
à la victoire, et qui s'était exposé comme elles et avec elles à tous
les dangers.

« (10) Napoléon a donc paru au milieu de la France comme
» l'Ange du Seigneur pour la sauver. Il a été accueilli par-tout,
» dans les villes, dans les hameaux, avec les transports du plus
» vif enthousiasme. Tous les cœurs ont volé au-devant de lui.
» Les méchans voyant cette merveille et les enfans même qui
» criaient : SALUT, GLOIRE A NAPOLÉON ! VIVE L'EMPEREUR ! en ont
» été indignés. Ils se sont dit les uns aux autres : Vous voyez que
» nous ne gagnons rien ; voilà tout le peuple qui le suit ; fuyons,
» car le Très-Haut combat pour lui contre nous.

» Alors tous les peuples, ivres de joie et sans aucune invitation
» des autorités locales, se portèrent par un mouvement simul-
» tané dans les temples, pour louer Dieu à haute voix, et lui
» rendre grâces de la grande merveille dont ils étaient témoins ; et
» ils disaient : Voici notre libérateur qui vient à nous. Béni soit
» Napoléon notre Empereur qui vient au nom du Seigneur ! que la
» paix soit au ciel et sur la terre, et la gloire au plus haut des
» cieux. »

C'est au milieu d'une population immense, pénétrée d'amour et
de respect, saisie d'admiration, pleine du bonheur présent, de la
certitude du bonheur à venir, que notre magnanime Empereur,
entouré du peuple et de ses troupes, a traversé ses vastes états. Il
n'a pas eu besoin de secours étrangers. Six cents Braves seulement
l'ont accompagné, tandis qu'il fallut aux potentats coalisés un million d'hommes pour se rendre maîtres de la France et de la Capi-
tale ; et encore sans la trahison, ce million d'étrangers eût trouvé
son tombeau dans nos plaines. Mais que ne peut pas un prince re-
gretté, chéri, adoré de ses peuples et de ses armées ! Honneur,
gloire immortelle aux Braves qui nous ont conservé et ramené
notre Empereur. Soldats ! comptez sur sa reconnaissance. LA GLOIRE

De ce que nous venons de faire, vous a-t-il dit ; est toute a vous et au peuple. La mienne se réduit a vous avoir connus et appréciés.

Ainsi s'est consommée avec toute la rapidité de l'enthousiasme , avec tout le calme de la sagesse , sans effusion d'une seule goûtte de sang , sans le moindre excès , ni le plus léger désordre , cette révolution destinée à faire l'étonnement de l'Europe , l'admiration de la postérité , le bonheur de la génération actuelle , et la paix de la France.

Braves Soldats , vous étiez humiliés pour prix de vos actions héroïques. Vos honorables cicatrices étaient flétries. Votre gloire que des lâches avaient tenté d'obscurcir est vengée en ce jour et va briller d'un nouvel éclat. Vos lauriers vont refleurir. Si le règne de ces hommes eût duré , tout se serait perdu , même le souvenir des immortelles journées de Marengo , d'Ulm , d'Austerlitz , de Jéna , de Wagram , de la Moskowa , de Lutzen , de Montmirail , etc.

Et vous , anciens militaires , vous brûlez de rentrer dans ces glo-rieuses phalanges dont vous étiez comme exilés par la faiblesse , par l'impéritie , et par la politique la plus mal-adroite. Votre désir sera accompli. Vous oublierez sous Napoléon les humiliations, les dégoûts dont on vous a abreuvés ; vous oublierez qu'un petit nombre de privilégiés avait usurpé vos titres , vos grades , vos honorables récompenses.

Magistrats , Fonctionnaires de toutes les classes , vous tenez vos emplois de la munificence de Napoléon , ou au moins c'est à lui que vous avez fait vos premiers sermens. Vous ne pourriez sans la plus noire ingratitude ni la plus criminelle félonie , trahir vos de-voirs et lui être parjures.

Citoyens , l'honneur , le devoir , la reconnaissance nous comman-dent de nous réunir autour de Napoléon. Rappelons-nous tout ce qu'il a fait pour notre bonheur. N'est-ce pas lui qui vint en l'an 8 , arracher notre France aux horreurs de l'anarchie qui la dévorait ? N'est-ce pas lui qui nous a rendu tous nos droits méconnus jusqu'alors , qui nous a protégés nous et nos propriétés ? N'est-ce pas lui qui a rétabli la religion , rappelé ses ministres , qui leur a assuré des moyens d'existence , autant que les circonstances le permettaient ; qui a ouvert les asiles de la charité , les a dotés ? N'a-t-il pas embelli , décoré la France de monumens et d'établissemens qui l'honoreront aux yeux de la postérité ? N'est-ce pas lui qui toujours vainqueur et triomphant, éleva au plus haut degré la gloire des armées et du nom français ? N'est-ce pas lui qui, joignant au titre du plus grand capitaine du monde, celui de sage législateur, donna à la France ces lois bienfaisantes et tutélaires dont chaque jour elle apprécie les avantages ? (11) Qu'A-T-IL DU ET PU FAIRE, QU'IL N'AIT PAS FAIT ?

Il revient aujourd'hui, après un exil trop long et trop funeste, pour assurer à nous et à nos enfans, l'égalité des droits civils, la jouissance de toutes les propriétés et celle non moins précieuse de l'honneur national ; il vient pour raffermir toutes les belles institutions dont il était le créateur. Les décrets qu'il a déjà rendus, et ses diverses proclamations sont la preuve authentique qu'il veut nous garantir tous ces bienfaits.

Par lui ressuscite la liberté française. La nation recouvre son honneur et son indépendance. Sous son règne, l'honneur et les vertus personnelles redeviennent les premiers titres de noblesse. La véritable illustration s'acquerra dans toutes les carrières où des services rendus à la patrie en accroîtront la splendeur et la gloire.

Napoléon ne veut régner que par les lois pour le bonheur et la gloire de la France. Entendons-le lui-même. « Je ne véux tenir la » couronne que de la vaillance de mes Braves et de l'amour de mon » Peuple. Le trône est pour la nation, et non la nation pour le » trône. Je suis revenu parce que ma vie vous était et devait vous » être utile. Mon existence ne se compose que de la vôtre. Mes droits » ne sont que ceux du peuple. Mon intérêt, mon honneur et ma » gloire, ne sont autres que votre intérêt, votre honneur et votre » gloire.... Vous avez raison de m'appeler votre père. Que mon re- » tour dissipe toutes vos inquiétudes. Je viens vous garantir la con- » servation de tous les droits, de tous les avantages dont vous jouis- » siez depuis vingt-cinq ans.... Je viens éloigner pour toujours les » souvenirs du régime féodal, du servage et de la glèbe ; au lieu de » la guerre civile dont mes ennemis et les vôtres m'imputaient le » projet, je ne vous apporte que des bienfaits. »

Français, chérissons à l'envi le héros que nos mains reconnaissantes ont couronné Empereur, et dont le génie nous est redevenu

nécessaire pour protéger nos droits , nos libertés et notre indépendance publique. Veillons au salut de l'Empire. Ne souffrons plus
que notre Empereur , notre père soit séparé de son peuple , de ses
enfans. Rallions-nous aux aigles de Napoléon pour le défendre ,
pour nous défendre nous-mêmes contre les agressions des puissances
qui oseraient nous attaquer. Disons avec lui : Nous ne nous mêle-
rons pas des affaires des autres nations ; mais malheur a qui
se mêlera des nôtres.

Je finis comme j'ai commencé. « (12) Réjouissons-nous donc
» dans ce grand jour. Publions par-tout l'œuvre du Tout-Puissant.
» Chantons à la gloire du Seigneur qui nous a délivrés de la ser-
» vitude. Il est le Dieu de nos pères , célébrons sa grandeur et sa
» miséricorde. Et qui est semblable à lui , et qui peut résister à ce
» Dieu grand , puissant , qui fait des choses merveilleuses en faveur
» de ceux qui le craignent et l'invoquent avec confiance ?

   » Que ce jour soit pour nous comme un monument éternel. Cé-
» lébrons-le par un culte perpétuel. Que ce jour soit à jamais saint
» et solennel parmi nous. Louons tous le Très-Haut , parce qu'il
» est bon et que sa miséricorde est éternelle.

   » Seigneur, conservez-nous Napoléon-le-Grand notre Empe-
» reur , Marie-Louise son auguste épouse , le Prince Impérial
» leur fils bien-aimé , et exaucez-nous en ce jour où nous vous
» invoquons. »

A LYON, de l'Imprimerie de J. B. Kindelem, rue et vis-à-vis
de l'Archevêché, N.º 3. 1815.